TRANZLATY

La Langue est pour tout le Monde

Jezik je za vse

La Belle et la Bête

Lepotica in Zver

Gabrielle-Suzanne Barbot de Villeneuve

Français / Slovenščina

Copyright © 2025 Tranzlaty
All rights reserved
Published by Tranzlaty
ISBN: 978-1-80572-061-4
Original text by Gabrielle-Suzanne Barbot de Villeneuve
La Belle et la Bête
First published in French in 1740
Taken from The Blue Fairy Book (Andrew Lang)
Illustration by Walter Crane
www.tranzlaty.com

Il était une fois un riche marchand
Nekoč je bil bogat trgovec
ce riche marchand avait six enfants
ta bogati trgovec je imel šest otrok
il avait trois fils et trois filles
imel je tri sinove in tri hčere
il n'a épargné aucun coût pour leur éducation
ni varčeval s stroški za njihovo izobraževanje
parce qu'il était un homme sensé
ker je bil razumen človek
mais il a donné à ses enfants de nombreux serviteurs
svojim otrokom pa je dal veliko služabnikov
ses filles étaient extrêmement jolies
njegove hčere so bile izjemno lepe
et sa plus jeune fille était particulièrement jolie
in njegova najmlajša hči je bila še posebej lepa
Déjà enfant, sa beauté était admirée
že kot otrok so njeno lepoto občudovali
et les gens l'appelaient à cause de sa beauté
in ljudje so jo klicali po njeni lepoti
sa beauté ne s'est pas estompée avec l'âge
njena lepota ni zbledela, ko se je starala
alors les gens ont continué à l'appeler par sa beauté
zato so jo ljudje klicali po njeni lepoti
cela a rendu ses sœurs très jalouses
zaradi tega so njene sestre zelo ljubosumne
les deux filles aînées avaient beaucoup de fierté
najstarejši hčerki sta bili zelo ponosni
leur richesse était la source de leur fierté
njihovo bogastvo je bilo vir njihovega ponosa
et ils n'ont pas caché leur fierté non plus
prav tako nista skrivala ponosa
ils n'ont pas rendu visite aux filles d'autres marchands
drugih trgovskih hčera niso obiskovali
parce qu'ils ne rencontrent que l'aristocratie
ker se srečajo le z aristokracijo

ils sortaient tous les jours pour faire la fête
vsak dan so hodili na zabave
bals, pièces de théâtre, concerts, etc.
žoge, igre, koncerti itd
et ils se moquèrent de leur plus jeune sœur
in smejali so se svoji najmlajši sestri
parce qu'elle passait la plupart de son temps à lire
ker je večino časa preživela ob branju
il était bien connu qu'ils étaient riches
vedelo se je, da so premožni
alors plusieurs marchands éminents ont demandé leur main
zato jih je več uglednih trgovcev prosilo za roko
mais ils ont dit qu'ils n'allaient pas se marier
pa sta rekla, da se ne bosta poročila
mais ils étaient prêts à faire quelques exceptions
vendar so bili pripravljeni narediti nekaj izjem
« Peut-être que je pourrais épouser un duc »
"Morda bi se lahko poročila z vojvodo"
« Je suppose que je pourrais épouser un comte »
"Mislim, da bi se lahko poročila z Earlom"
Belle a remercié très civilement ceux qui lui ont proposé
Lepotica se je zelo civilizirano zahvalila tistim, ki so jo zasnubili
elle leur a dit qu'elle était encore trop jeune pour se marier
rekla jim je, da je še premlada za poroko
elle voulait rester quelques années de plus avec son père
želela je ostati še nekaj let pri očetu
Tout d'un coup, le marchand a perdu sa fortune
Kar naenkrat je trgovec izgubil bogastvo
il a tout perdu sauf une petite maison de campagne
izgubil je vse razen majhne podeželske hiše
et il dit à ses enfants, les larmes aux yeux :
in svojim otrokom je s solzami v očeh rekel:
« il faut aller à la campagne »
"moramo iti na podeželje"
« et nous devons travailler pour gagner notre vie »

"in za preživetje moramo delati"
les deux filles aînées ne voulaient pas quitter la ville
najstarejši hčerki nista hoteli zapustiti mesta
ils avaient plusieurs amants dans la ville
v mestu sta imela več ljubimcev
et ils étaient sûrs que l'un de leurs amants les épouserait
in bili so prepričani, da se bo eden od njihovih ljubimcev poročil z njima
ils pensaient que leurs amants les épouseraient même sans fortune
mislili so, da se bodo njihovi ljubimci poročili z njimi tudi brez premoženja
mais les bonnes dames se sont trompées
a dobre dame so se zmotile
leurs amants les ont abandonnés très vite
ljubimci so jih zelo hitro zapustili
parce qu'ils n'avaient plus de fortune
ker niso imeli več bogastva
cela a montré qu'ils n'étaient pas vraiment appréciés
to je pokazalo, da pravzaprav niso bili preveč všeč
tout le monde a dit qu'ils ne méritaient pas d'être plaints
vsi so rekli, da si ne zaslužijo pomilovanja
« Nous sommes heureux de voir leur fierté humiliée »
"veseli smo, da je njihov ponos ponižan"
« Qu'ils soient fiers de traire les vaches »
"naj bodo ponosni na krave molze"
mais ils étaient préoccupés par Belle
vendar jih je skrbela lepota
elle était une créature si douce
bila je tako sladko bitje
elle parlait si gentiment aux pauvres
tako prijazno je govorila revnim ljudem
et elle était d'une nature si innocente
in bila je tako nedolžne narave
Plusieurs messieurs l'auraient épousée
Več gospodov bi se poročilo z njo

ils l'auraient épousée même si elle était pauvre
bili bi jo poročili, čeprav je bila revna
mais elle leur a dit qu'elle ne pouvait pas les épouser
vendar jim je rekla, da se ne more poročiti z njimi
parce qu'elle ne voulait pas quitter son père
ker ne bi zapustila očeta
elle était déterminée à l'accompagner à la campagne
bila je odločena, da gre z njim na podeželje
afin qu'elle puisse le réconforter et l'aider
da bi ga potolažila in mu pomagala
pauvre Belle était très affligée au début
Uboga lepotica je bila sprva zelo žalostna
elle était attristée par la perte de sa fortune
bila je žalostna zaradi izgube svojega bogastva
"Mais pleurer ne changera pas mon destin"
"toda jok ne bo spremenil moje sreče"
« Je dois essayer de me rendre heureux sans richesse »
"Moram se poskušati osrečiti brez bogastva"
ils sont venus dans leur maison de campagne
prišli so v svojo podeželsko hišo
et le marchand et ses trois fils s'appliquèrent à l'agriculture
in trgovec in njegovi trije sinovi so se posvetili živinoreji
Belle s'est levée à quatre heures du matin
lepotica je vstala ob štirih zjutraj
et elle s'est dépêchée de nettoyer la maison
in je hitela pospravljat hišo
et elle s'est assurée que le dîner était prêt
in poskrbela je, da je bila večerja pripravljena
au début, elle a trouvé sa nouvelle vie très difficile
na začetku se ji je novo življenje zdelo zelo težko
parce qu'elle n'était pas habituée à un tel travail
ker ni bila vajena takega dela
mais en moins de deux mois elle est devenue plus forte
a v manj kot dveh mesecih se je okrepila
et elle était en meilleure santé que jamais auparavant
in bila je bolj zdrava kot kdaj koli prej

après avoir fait son travail, elle a lu
ko je opravila svoje delo, je brala
elle jouait du clavecin
igrala je na čembalo
ou elle chantait en filant de la soie
ali pa je pela, ko je sukala svilo
au contraire, ses deux sœurs ne savaient pas comment passer leur temps
nasprotno, njeni dve sestri nista znali preživljati časa
ils se sont levés à dix heures et n'ont rien fait d'autre que paresser toute la journée
vstajali so ob desetih in ves dan počeli samo lenarjenje
ils ont déploré la perte de leurs beaux vêtements
objokovali so izgubo svojih lepih oblačil
et ils se sont plaints d'avoir perdu leurs connaissances
in pritoževali so se, da so izgubili poznanstva
« Regardez notre plus jeune sœur », se dirent-ils.
»Poglej si našo najmlajšo sestro,« sta si rekla
"Quelle pauvre et stupide créature elle est"
"kako ubogo in neumno bitje je"
"C'est mesquin de se contenter de si peu"
"podlo je biti zadovoljen s tako malo"
le gentil marchand était d'un avis tout à fait différent
prijazni trgovec je bil povsem drugačnega mnenja
il savait très bien que Belle éclipsait ses sœurs
dobro je vedel, da lepota prekaša njene sestre
elle les a surpassés en caractère ainsi qu'en esprit
zasenčila jih je tako po značaju kot po umu
il admirait son humilité et son travail acharné
občudoval je njeno poniznost in trdo delo
mais il admirait surtout sa patience
najbolj pa je občudoval njeno potrpežljivost
ses sœurs lui ont laissé tout le travail à faire
njene sestre so ji prepustile vse delo
et ils l'insultaient à chaque instant
in vsak trenutek so jo žalili

La famille vivait ainsi depuis environ un an.
Družina je tako živela približno eno leto
puis le commerçant a reçu une lettre d'un comptable
potem je trgovec dobil pismo od računovodje
il avait un investissement dans un navire
imel je naložbo v ladjo
et le navire était arrivé sain et sauf
in ladja je varno prispela
Cette nouvelle a fait tourner les têtes des deux filles aînées
novica je obrnila glavo najstarejšima hčerkama
ils ont immédiatement eu l'espoir de revenir en ville
takoj so imeli upanje, da se vrnejo v mesto
parce qu'ils étaient assez fatigués de la vie à la campagne
ker so bili precej utrujeni od podeželskega življenja
ils sont allés vers leur père alors qu'il partait
šli so k očetu, ko je odhajal
ils l'ont supplié de leur acheter de nouveaux vêtements
prosili so ga, naj jim kupi nova oblačila
des robes, des rubans et toutes sortes de petites choses
obleke, trakovi in vse mogoče malenkosti
mais Belle n'a rien demandé
a lepota ni zahtevala ničesar
parce qu'elle pensait que l'argent ne serait pas suffisant
ker je mislila, da denarja ne bo dovolj
il n'y aurait pas assez pour acheter tout ce que ses sœurs voulaient
ne bi bilo dovolj, da bi kupila vse, kar so želele njene sestre
"Que veux-tu, ma belle ?" demanda son père
"Kaj bi rada, lepotica?" je vprašal oče
« Merci, père, pour la bonté de penser à moi », dit-elle
"hvala, oče, za dobroto, da misliš name," je rekla
« Père, ayez la gentillesse de m'apporter une rose »
"oče, bodi tako prijazen in mi prinesi vrtnico"
"parce qu'aucune rose ne pousse ici dans le jardin"
"ker tu na vrtu ne rastejo vrtnice"
"et les roses sont une sorte de rareté"

"in vrtnice so nekakšna redkost"
Belle ne se souciait pas vraiment des roses
lepotici ni bilo mar za vrtnice
elle a juste demandé quelque chose pour ne pas condamner ses sœurs
prosila je samo za nekaj, da ne bi obsojala svojih sester
mais ses sœurs pensaient qu'elle avait demandé des roses pour d'autres raisons
njene sestre pa so mislile, da je prosila za vrtnice iz drugih razlogov
"Elle l'a fait juste pour avoir l'air particulière"
"to je naredila samo zato, da bi izgledala posebno"
L'homme gentil est parti en voyage
Prijazen mož je šel na pot
mais quand il est arrivé, ils se sont disputés à propos de la marchandise
a ko je prišel, sta se prepirala glede blaga
et après beaucoup d'ennuis, il est revenu aussi pauvre qu'avant
in po mnogih težavah se je vrnil tako reven kot prej
il était à quelques heures de sa propre maison
bil je v nekaj urah od svoje hiše
et il imaginait déjà la joie de revoir ses enfants
in že si je predstavljal veselje, ko vidi svoje otroke
mais en traversant la forêt, il s'est perdu
ko pa je šel skozi gozd se je izgubil
il a plu et neigé terriblement
strašno je deževalo in snežilo
le vent était si fort qu'il l'a fait tomber de son cheval
veter je bil tako močan, da ga je vrglo s konja
et la nuit arrivait rapidement
in hitro je prihajala noč
il a commencé à penser qu'il pourrait mourir de faim
začel je razmišljati, da bi lahko stradal
et il pensait qu'il pourrait mourir de froid
in mislil je, da bi lahko zmrznil do smrti

et il pensait que les loups pourraient le manger
in mislil je, da ga lahko volkovi pojedo
les loups qu'il entendait hurler tout autour de lui
volkove, ki jih je slišal tuliti povsod okoli sebe
mais tout à coup il a vu une lumière
a kar naenkrat je zagledal luč
il a vu la lumière au loin à travers les arbres
videl je luč na daleč skozi drevje
quand il s'est approché, il a vu que la lumière était un palais
ko je prišel bliže, je videl, da je bila luč palača
le palais était illuminé de haut en bas
palača je bila osvetljena od zgoraj navzdol
le marchand a remercié Dieu pour sa chance
trgovec se je zahvalil bogu za svojo srečo
et il se précipita vers le palais
in pohitel je v palačo
mais il fut surpris de ne voir personne dans le palais
vendar je bil presenečen, da v palači ni videl ljudi
la cour était complètement vide
dvorišče je bilo popolnoma prazno
et il n'y avait aucun signe de vie nulle part
in nikjer ni bilo znakov življenja
son cheval le suivit dans le palais
njegov konj mu je sledil v palačo
et puis son cheval a trouvé une grande écurie
in potem je njegov konj našel velik hlev
le pauvre animal était presque affamé
uboga žival je bila skoraj lačna
alors son cheval est allé chercher du foin et de l'avoine
zato je njegov konj šel noter iskat seno in oves
Heureusement, il a trouvé beaucoup à manger
na srečo je našel veliko hrane
et le marchand attacha son cheval à la mangeoire
in trgovec je svojega konja privezal k jasli
En marchant vers la maison, il n'a vu personne
Ko je hodil proti hiši, ni videl nikogar

mais dans une grande salle il trouva un bon feu
a v veliki dvorani je našel dober ogenj
et il a trouvé une table dressée pour une personne
in našel je pogrnjeno mizo za enega
il était mouillé par la pluie et la neige
bil je moker od dežja in snega
alors il s'est approché du feu pour se sécher
zato se je približal ognju, da bi se posušil
« J'espère que le maître de maison m'excusera »
"Upam, da mi bo gospodar hiše opravičil"
« Je suppose qu'il ne faudra pas longtemps pour que quelqu'un apparaisse »
"Mislim, da ne bo trajalo dolgo, da se nekdo pojavi"
Il a attendu un temps considérable
Čakal je precej časa
il a attendu jusqu'à ce que onze heures sonnent, et toujours personne n'est venu
čakal je, dokler ni odbilo enajst, pa še vedno nihče ni prišel
enfin, il avait tellement faim qu'il ne pouvait plus attendre
končno je bil tako lačen, da ni mogel več čakati
il a pris du poulet et l'a mangé en deux bouchées
vzel je nekaj piščanca in ga pojedel v dveh ustih
il tremblait en mangeant la nourriture
med jedjo hrane se je tresel
après cela, il a bu quelques verres de vin
po tem je spil nekaj kozarcev vina
devenant plus courageux, il sortit du hall
vedno bolj pogumen je odšel iz dvorane
et il traversa plusieurs grandes salles
in prečkal je več velikih dvoran
il a traversé le palais jusqu'à ce qu'il arrive dans une chambre
hodil je skozi palačo, dokler ni prišel v sobo
une chambre qui contenait un très bon lit
komora, v kateri je bila nadvse dobra postelja
il était très fatigué par son épreuve

bil je zelo utrujen od svoje preizkušnje
et il était déjà minuit passé
in ura je bila že čez polnoč
alors il a décidé qu'il était préférable de fermer la porte
zato se je odločil, da je najbolje, da zapre vrata
et il a conclu qu'il devrait aller se coucher
in sklenil je, da bi moral iti spat
Il était dix heures du matin lorsque le marchand s'est réveillé
Ura je bila deset zjutraj, ko se je trgovec zbudil
au moment où il allait se lever, il vit quelque chose
ravno ko je hotel vstati, je nekaj zagledal
il a été étonné de voir un ensemble de vêtements propres
bil je presenečen, ko je videl čist komplet oblačil
à l'endroit où il avait laissé ses vêtements sales
na mestu, kjer je pustil svoja umazana oblačila
"ce palais appartient certainement à une sorte de fée"
"gotovo ta palača pripada kakšni vili"
" une fée qui m'a vu et qui a eu pitié de moi"
" vila , ki me je videla in se mi smilila"
il a regardé à travers une fenêtre
pogledal je skozi okno
mais au lieu de neige, il vit le jardin le plus charmant
a namesto snega je zagledal najčudovitejši vrt
et dans le jardin il y avait les plus belles roses
in na vrtu so bile najlepše vrtnice
il est ensuite retourné dans la grande salle
nato se je vrnil v veliko dvorano
la salle où il avait mangé de la soupe la veille
dvorano, kjer je prejšnji večer jedel juho
et il a trouvé du chocolat sur une petite table
in našel je nekaj čokolade na mizici
« Merci, bonne Madame la Fée », dit-il à voix haute.
»Hvala, dobra gospa vila,« je rekel na glas
"Merci d'être si attentionné"
"hvala, ker ste tako skrbni"

« Je vous suis extrêmement reconnaissant pour toutes vos faveurs »
"Izredno sem vam hvaležen za vse vaše usluge"
l'homme gentil a bu son chocolat
prijazni moški je spil svojo čokolado
et puis il est allé chercher son cheval
potem pa je šel iskat svojega konja
mais dans le jardin il se souvint de la demande de Belle
a na vrtu se je spomnil lepotičine prošnje
et il coupa une branche de roses
in odrezal je vejo vrtnic
immédiatement il entendit un grand bruit
takoj je zaslišal velik hrup
et il vit une bête terriblement effrayante
in zagledal je strašno strašno zver
il était tellement effrayé qu'il était sur le point de s'évanouir
bil je tako prestrašen, da je bil pripravljen omedleti
« Tu es bien ingrat », lui dit la bête.
»Zelo si nehvaležen,« mu je rekla zver
et la bête parla d'une voix terrible
in zver je spregovorila s strašnim glasom
« Je t'ai sauvé la vie en te laissant entrer dans mon château »
"Rešil sem ti življenje, ko sem te spustil v svoj grad"
"et pour ça tu me voles mes roses en retour ?"
"in za to mi v zameno ukradeš vrtnice?"
« Les roses que j'apprécie plus que tout »
"Vrtnice, ki jih cenim več kot vse"
"mais tu mourras pour ce que tu as fait"
"ampak umrl boš za to, kar si naredil"
« Je ne vous donne qu'un quart d'heure pour vous préparer »
"Dajem ti samo četrt ure, da se pripraviš"
« Préparez-vous à la mort et dites vos prières »
"pripravite se na smrt in molite"
le marchand tomba à genoux
trgovec je padel na kolena
et il leva ses deux mains

in je dvignil obe roki
« **Monseigneur, je vous supplie de me pardonner** »
"Moj gospod, rotim te, da mi odpustiš"
« **Je n'avais aucune intention de t'offenser** »
"Nisem te imel namena užaliti"
« **J'ai cueilli une rose pour une de mes filles** »
"Nabrala sem vrtnico za eno od svojih hčera"
"**elle m'a demandé de lui apporter une rose**"
"prosila me je, naj ji prinesem vrtnico"
« **Je ne suis pas ton seigneur, mais je suis une bête** », **répondit le monstre**
"Nisem tvoj gospodar, sem pa zver," je odgovorila pošast
« **Je n'aime pas les compliments** »
"Ne maram komplimentov"
« **J'aime les gens qui parlent comme ils pensent** »
"Rad imam ljudi, ki govorijo, kot mislijo"
« **N'imaginez pas que je puisse être ému par la flatterie** »
"ne predstavljajte si, da me lahko gane laskanje"
« **Mais tu dis que tu as des filles** »
"A pravite, da imate hčere"
"**Je te pardonnerai à une condition**"
"Odpustil ti bom pod enim pogojem"
« **L'une de vos filles doit venir volontairement à mon palais** »
"ena od tvojih hčera mora prostovoljno priti v mojo palačo"
"**et elle doit souffrir pour toi**"
"in ona mora trpeti zate"
« **Donne-moi ta parole** »
"Pustite mi besedo"
"**et ensuite tu pourras vaquer à tes occupations**"
"in potem lahko nadaljuješ s svojim poslom"
« **Promets-moi ceci :** »
"Obljubi mi tole:"
"**Si votre fille refuse de mourir pour vous, vous devez revenir dans les trois mois**"
"če tvoja hči noče umreti zate, se moraš vrniti v treh mesecih"

le marchand n'avait aucune intention de sacrifier ses filles
trgovec ni imel namena žrtvovati svojih hčera
mais, comme on lui en donnait le temps, il voulait revoir ses filles une fois de plus
a ker je imel čas, je želel še enkrat videti svoje hčere
alors il a promis qu'il reviendrait
zato je obljubil, da se bo vrnil
et la bête lui dit qu'il pouvait partir quand il le voudrait
in zver mu je rekla, da se lahko odpravi, ko hoče
et la bête lui dit encore une chose
in zver mu je povedala še eno stvar
« Tu ne partiras pas les mains vides »
"ne boš odšel praznih rok"
« retourne dans la pièce où tu étais allongé »
"pojdi nazaj v sobo, kjer si ležal"
« vous verrez un grand coffre au trésor vide »
"videl boš veliko prazno skrinjo z zakladom"
« Remplissez le coffre aux trésors avec ce que vous préférez »
"napolni skrinjo z zakladom, kar ti je najbolj všeč"
"et j'enverrai le coffre au trésor chez toi"
"in poslal vam bom skrinjo z zakladom na dom"
et en même temps la bête s'est retirée
in hkrati se je zver umaknila
« Eh bien, » se dit le bon homme
»No,« je rekel dobri mož sam pri sebi
« Si je dois mourir, je laisserai au moins quelque chose à mes enfants »
"če že moram umreti, bom vsaj nekaj pustil svojim otrokom"
alors il retourna dans la chambre à coucher
zato se je vrnil v spalnico
et il a trouvé une grande quantité de pièces d'or
in našel je zelo veliko kosov zlata
il a rempli le coffre au trésor que la bête avait mentionné
napolnil je zaklad, ki ga je omenila zver
et il sortit son cheval de l'écurie

in svojega konja je odpeljal iz hleva
la joie qu'il ressentait en entrant dans le palais était désormais égale à la douleur qu'il ressentait en le quittant
veselje, ki ga je čutil, ko je vstopil v palačo, je bilo zdaj enako žalosti, ki jo je čutil, ko je odhajal iz nje
le cheval a pris un des chemins de la forêt
konj je šel po eni od gozdnih cest
et quelques heures plus tard, le bon homme était à la maison
in čez nekaj ur je bil dobri mož doma
ses enfants sont venus à lui
njegovi otroci so prišli k njemu
mais au lieu de recevoir leurs étreintes avec plaisir, il les regardait
ampak namesto da bi z užitkom sprejel njihove objeme, jih je pogledal
il brandit la branche qu'il tenait dans ses mains
dvignil je vejo, ki jo je imel v rokah
et puis il a fondu en larmes
nato pa je planil v jok
« Belle », dit-il, « s'il te plaît, prends ces roses »
"lepotica," je rekel, "prosim, vzemi te vrtnice"
"Vous ne pouvez pas savoir à quel point ces roses ont été chères"
"ne moreš vedeti, kako drage so bile te vrtnice"
"Ces roses ont coûté la vie à ton père"
"te vrtnice so tvojega očeta stale življenje"
et puis il raconta sa fatale aventure
in potem je povedal o svoji usodni dogodivščini
immédiatement les deux sœurs aînées crièrent
takoj sta zavpili najstarejši sestri
et ils ont dit beaucoup de choses méchantes à leur belle sœur
in svoji lepi sestri sta povedala veliko zlobnih stvari
mais Belle n'a pas pleuré du tout
lepota pa sploh ni jokala
« Regardez l'orgueil de ce petit misérable », dirent-ils.
"Poglejte ponos tega malega bednika," so rekli

"elle n'a pas demandé de beaux vêtements"
"ni zahtevala lepih oblačil"
"Elle aurait dû faire ce que nous avons fait"
"morala bi storiti, kar smo naredili mi"
"elle voulait se distinguer"
"želela se je razlikovati"
"alors maintenant elle sera la mort de notre père"
"torej bo zdaj ona smrt našega očeta"
"et pourtant elle ne verse pas une larme"
"in vendar ne potoči solze"
"Pourquoi devrais-je pleurer ?" répondit Belle
"Zakaj bi jokal?" je odgovoril lepotec
« pleurer serait très inutile »
"jokanje bi bilo zelo nepotrebno"
« Mon père ne souffrira pas pour moi »
"moj oče ne bo trpel zame"
"le monstre acceptera une de ses filles"
"pošast bo sprejela eno od njegovih hčera"
« Je m'offrirai à toute sa fureur »
"Ponudil se bom vsemu njegovemu besu"
« Je suis très heureux, car ma mort sauvera la vie de mon père »
"Zelo sem vesel, ker bo moja smrt rešila očetovo življenje"
"ma mort sera une preuve de mon amour"
"moja smrt bo dokaz moje ljubezni"
« Non, ma sœur », dirent ses trois frères
»Ne, sestra,« so rekli njeni trije bratje
"cela ne sera pas"
"to ne bo"
"nous allons chercher le monstre"
"šel bova iskat pošast"
"et soit on le tue..."
"in ali ga bomo ubili ..."
« ... ou nous périrons dans cette tentative »
"... ali pa bomo umrli v poskusu"
« N'imaginez rien de tel, mes fils », dit le marchand.

»Ne predstavljajte si česa takega, sinovi moji,« je rekel trgovec
"La puissance de la bête est si grande que je n'ai aucun espoir que tu puisses la vaincre"
"moč zveri je tako velika, da nimam upanja, da bi ga lahko premagal"
« Je suis charmé par l'offre aimable et généreuse de Belle »
"Očarana sem nad prijazno in velikodušno ponudbo lepotice"
"mais je ne peux pas accepter sa générosité"
"vendar ne morem sprejeti njene velikodušnosti"
« Je suis vieux et je n'ai plus beaucoup de temps à vivre »
"Star sem in nimam dolgo časa živeti"
"Je ne peux donc perdre que quelques années"
"tako da lahko izgubim samo nekaj let"
"un temps que je regrette pour vous, mes chers enfants"
"čas, ki ga obžalujem za vas, moji dragi otroci"
« Mais père », dit Belle
"Ampak oče," je rekel lepotec
"tu n'iras pas au palais sans moi"
"ne greš v palačo brez mene"
"tu ne peux pas m'empêcher de te suivre"
"ne moreš mi preprečiti, da ti sledim"
rien ne pourrait convaincre Belle autrement
nič ne more prepričati lepote drugače
elle a insisté pour aller au beau palais
vztrajala je, da gre v lepo palačo
et ses sœurs étaient ravies de son insistance
in njene sestre so bile navdušene nad njenim vztrajanjem
Le marchand était inquiet à l'idée de perdre sa fille
Trgovec je bil zaskrbljen ob misli, da bo izgubil hčer
il était tellement inquiet qu'il avait oublié le coffre rempli d'or
bil je tako zaskrbljen, da je pozabil na skrinjo, polno zlata
la nuit, il se retirait pour se reposer et fermait la porte de sa chambre
ponoči se je umaknil k počitku in zaprl vrata svoje sobe
puis, à sa grande surprise, il trouva le trésor à côté de son lit

nato pa je na svoje veliko začudenje našel zaklad ob postelji
il était déterminé à ne rien dire à ses enfants
bil je odločen, da svojim otrokom ne bo povedal
s'ils savaient, ils auraient voulu retourner en ville
če bi vedeli, bi se želeli vrniti v mesto
et il était résolu à ne pas quitter la campagne
in bil je odločen, da ne bo zapustil podeželja
mais il confia le secret à Belle
lepoti pa je zaupal skrivnost
elle l'informa que deux messieurs étaient venus
sporočila mu je, da sta prišla dva gospoda
et ils ont fait des propositions à ses sœurs
in so predlagali njenim sestram
elle a supplié son père de consentir à leur mariage
rotila je očeta, naj privoli v njuno poroko
et elle lui a demandé de leur donner une partie de sa fortune
in prosila ga je, naj jim da nekaj svojega bogastva
elle leur avait déjà pardonné
jim je že odpustila
les méchantes créatures se frottaient les yeux avec des oignons
hudobna bitja so si drgnila oči s čebulo
pour forcer quelques larmes quand ils se sont séparés de leur sœur
izsiliti solze ob razhodu s sestro
mais ses frères étaient vraiment inquiets
toda njeni bratje so bili res zaskrbljeni
Belle était la seule à ne pas verser de larmes
lepota je bila edina, ki ni potočila nobene solze
elle ne voulait pas augmenter leur malaise
ni želela povečati njihovega nelagodja
le cheval a pris la route directe vers le palais
konj je vzel direktno cesto do palače
et vers le soir ils virent le palais illuminé
in proti večeru so zagledali razsvetljeno palačo
le cheval est rentré à l'écurie

konj se je spet odpeljal v hlev
et le bon homme et sa fille entrèrent dans la grande salle
in dobri mož in njegova hči sta šla v veliko dvorano
ici ils ont trouvé une table magnifiquement dressée
tukaj so našli čudovito postreženo mizo
le marchand n'avait pas d'appétit pour manger
trgovec ni imel apetita za jesti
mais Belle s'efforçait de paraître joyeuse
toda lepotica se je trudila videti vesela
elle s'est assise à table et a aidé son père
sedla je za mizo in pomagala očetu
mais elle pensait aussi :
pa si je tudi mislila:
"La bête veut sûrement m'engraisser avant de me manger"
"zver me hoče zrediti preden me poje"
"c'est pourquoi il offre autant de divertissement"
"zato zagotavlja tako obilno zabavo"
après avoir mangé, ils entendirent un grand bruit
ko so jedli, so zaslišali velik hrup
et le marchand fit ses adieux à son malheureux enfant, les larmes aux yeux
in trgovec se je s solzami v očeh poslovil od svojega nesrečnega otroka
parce qu'il savait que la bête allait venir
ker je vedel, da prihaja zver
Belle était terrifiée par sa forme horrible
lepotica je bila prestrašena nad njegovo grozljivo obliko
mais elle a pris courage du mieux qu'elle a pu
vendar se je opogumila, kolikor se je dalo
et le monstre lui a demandé si elle était venue volontairement
in pošast jo je vprašala, če je prišla rada
"Oui, je suis venue volontiers", dit-elle en tremblant
»ja, prišla sem z veseljem,« je rekla trepetajoč
la bête répondit : « Tu es très bon »
zver je odgovorila: "Zelo si dober"

"et je vous suis très reconnaissant, honnête homme"
"in zelo sem vam hvaležen; pošten človek"
« Allez-y demain matin »
"pojdi jutri zjutraj"
"mais ne pense plus jamais à revenir ici"
"ampak nikoli več ne pomisli, da bi prišel sem"
« Adieu Belle, adieu bête », répondit-il
"Adijo lepotica, zbogom zver," je odgovoril
et immédiatement le monstre s'est retiré
in takoj se je pošast umaknila
« Oh, ma fille », dit le marchand
"Oh, hči," je rekel trgovec
et il embrassa sa fille une fois de plus
in še enkrat je objel hčer
« Je suis presque mort de peur »
"Skoraj sem na smrt prestrašen"
"crois-moi, tu ferais mieux de rentrer"
"verjemi mi, bolje, da greš nazaj"
"Laisse-moi rester ici, à ta place"
"naj ostanem tukaj, namesto tebe"
« Non, père », dit Belle d'un ton résolu.
"Ne, oče," je rekel lepotec z odločnim tonom
"tu partiras demain matin"
"na pot se odpraviš jutri zjutraj"
« Laissez-moi aux soins et à la protection de la Providence »
"prepusti me skrbi in varstvu previdnosti"
néanmoins ils sont allés se coucher
kljub temu sta šla spat
ils pensaient qu'ils ne fermeraient pas les yeux de la nuit
mislili so, da vso noč ne bodo zatisnili očesa
mais juste au moment où ils se couchaient, ils s'endormirent
ampak ravno ko so se ulegli, so spali
La belle rêva qu'une belle dame venait et lui disait :
Lepotica je sanjala, da je prišla dobra gospa in ji rekla:
« Je suis content, Belle, de ta bonne volonté »
"Zadovoljen sem, lepotica, s tvojo dobro voljo"

« Cette bonne action de votre part ne restera pas sans récompense »
"to tvoje dobro dejanje ne bo ostalo nenagrajeno"
Belle s'est réveillée et a raconté son rêve à son père
lepotica se je zbudila in povedala očetu svoje sanje
le rêve l'a aidé à se réconforter un peu
sanje so ga nekoliko potolažile
mais il ne pouvait s'empêcher de pleurer amèrement en partant
vendar si ni mogel pomagati, da je bridko jokal, ko je odhajal
Dès qu'il fut parti, Belle s'assit dans la grande salle et pleura aussi
takoj ko je odšel, je lepotica sedla v veliko dvorano in tudi jokala
mais elle résolut de ne pas s'inquiéter
vendar se je odločila, da ne bo nelagodna
elle a décidé d'être forte pour le peu de temps qui lui restait à vivre
odločila se je, da bo močna za malo časa, ki ji je ostal
parce qu'elle croyait fermement que la bête la mangerait
ker je trdno verjela, da jo bo zver požrla
Cependant, elle pensait qu'elle pourrait aussi bien explorer le palais
vseeno pa je pomislila, da bi prav tako lahko raziskala palačo
et elle voulait voir le beau château
in si je želela ogledati lepi grad
un château qu'elle ne pouvait s'empêcher d'admirer
grad, ki si ga ni mogla pomagati občudovati
c'était un palais délicieusement agréable
bila je čudovito prijetna palača
et elle fut extrêmement surprise de voir une porte
in bila je zelo presenečena, ko je zagledala vrata
et sur la porte il était écrit que c'était sa chambre
in nad vrati je pisalo, da je to njena soba
elle a ouvert la porte à la hâte
naglo je odprla vrata

et elle était tout à fait éblouie par la magnificence de la pièce
in bila je čisto zaslepljena nad veličastnostjo sobe
ce qui a principalement retenu son attention était une grande bibliothèque
kar je pritegnilo njeno pozornost predvsem velika knjižnica
un clavecin et plusieurs livres de musique
čembalo in več notnih knjig
« Eh bien, » se dit-elle
»No,« je rekla sama pri sebi
« Je vois que la bête ne laissera pas mon temps peser sur moi »
"Vidim, da zver ne bo pustila, da bi moj čas obležal"
puis elle réfléchit à sa situation
potem je pri sebi razmišljala o svoji situaciji
« Si je devais rester un jour, tout cela ne serait pas là »
"Če bi mi bilo namenjeno ostati en dan, vsega tega ne bi bilo tukaj"
cette considération lui inspira un courage nouveau
ta premislek ji je dal nov pogum
et elle a pris un livre de sa nouvelle bibliothèque
in vzela je knjigo iz svoje nove knjižnice
et elle lut ces mots en lettres d'or :
in prebrala je te besede z zlatimi črkami:
« Accueillez Belle, bannissez la peur »
"Dobrodošla lepotica, preženi strah"
« Vous êtes reine et maîtresse ici »
"Tu si kraljica in gospodarica"
« Exprimez vos souhaits, exprimez votre volonté »
"Povej svoje želje, povej svojo voljo"
« L'obéissance rapide répond ici à vos souhaits »
"Swift obedience tukaj izpolnjuje vaše želje"
« Hélas, dit-elle avec un soupir
"Ojej," je rekla z vzdihom
« Ce que je souhaite par-dessus tout, c'est revoir mon pauvre père. »
"Najbolj od vsega si želim videti svojega ubogega očeta"

"et j'aimerais savoir ce qu'il fait"
"in rad bi vedel, kaj počne"
Dès qu'elle eut dit cela, elle remarqua le miroir
Takoj, ko je to rekla, je opazila ogledalo
à sa grande surprise, elle vit sa propre maison dans le miroir
na svoje veliko začudenje je v ogledalu zagledala svoj dom
son père est arrivé émotionnellement épuisé
njen oče je prišel čustveno izčrpan
ses sœurs sont allées à sa rencontre
njene sestre so mu šle nasproti
malgré leurs tentatives de paraître tristes, leur joie était visible
kljub njihovim poskusom, da bi bili videti žalostni, je bilo njihovo veselje vidno
un instant plus tard, tout a disparu
trenutek kasneje je vse izginilo
et les appréhensions de Belle ont également disparu
in tudi lepotni strahovi so izginili
car elle savait qu'elle pouvait faire confiance à la bête
saj je vedela, da lahko zaupa zveri
À midi, elle trouva le dîner prêt
Opoldne je našla večerjo pripravljeno
elle s'est assise à la table
sama je sedla za mizo
et elle a été divertie avec un concert de musique
in jo zabavali s koncertom glasbe
même si elle ne pouvait voir personne
čeprav ni videla nikogar
le soir, elle s'est à nouveau assise pour dîner
ponoči je spet sedla k večerji
cette fois elle entendit le bruit que faisait la bête
tokrat je slišala hrup, ki ga je povzročila zver
et elle ne pouvait s'empêcher d'être terrifiée
in ni si mogla pomagati, da bi bila prestrašena
"Belle", dit le monstre
"lepotica," je rekla pošast

"est-ce que tu me permets de manger avec toi ?"
"mi dovolite jesti s tabo?"
« Fais comme tu veux », répondit Belle en tremblant
"stori, kakor hočeš," je drhteče odgovorila lepotica
"Non", répondit la bête
"Ne," je odgovorila zver
"tu es seule la maîtresse ici"
"samo ti si tukaj gospodarica"
"tu peux me renvoyer si je suis gênant"
"lahko me pošlješ stran, če sem težaven"
« renvoyez-moi et je me retirerai immédiatement »
"pošlji me stran in takoj se umaknem"
« Mais dis-moi, ne me trouves-tu pas très laide ? »
"Ampak, povej mi; ali ne misliš, da sem zelo grda?"
"C'est vrai", dit Belle
"To je res," je rekel lepotec
« Je ne peux pas mentir »
"Ne morem lagati"
"mais je crois que tu es de très bonne nature"
"ampak verjamem, da si zelo dobre volje"
« Je le suis en effet », dit le monstre
"Res sem," je rekla pošast
« Mais à part ma laideur, je n'ai pas non plus de bon sens »
"Ampak razen svoje grdote tudi nimam razuma"
« Je sais très bien que je suis une créature stupide »
"Dobro vem, da sem neumno bitje"
« Ce n'est pas un signe de folie de penser ainsi », répondit Belle.
"Ni znak neumnosti, če tako misliš," je odgovorila lepotica
« Mange donc, belle », dit le monstre
"Potem jej, lepotec," je rekla pošast
« essaie de t'amuser dans ton palais »
"poskusi se zabavati v svoji palači"
"tout ici est à toi"
"vse tukaj je tvoje"
"et je serais très mal à l'aise si tu n'étais pas heureux"

"in bilo bi mi zelo neprijetno, če ne bi bil srečen"
« Vous êtes très obligeant », répondit Belle
"Zelo ste ustrežljivi," je odgovorila lepotica
« J'avoue que je suis heureux de votre gentillesse »
"Priznam, da sem vesel vaše prijaznosti"
« et quand je considère votre gentillesse, je remarque à peine vos difformités »
"in ko pomislim na vašo prijaznost, komaj opazim vaše deformacije"
« Oui, oui, dit la bête, mon cœur est bon.
»Da, da,« je rekla zver, »moje srce je dobro
"mais même si je suis bon, je suis toujours un monstre"
"toda čeprav sem dober, sem še vedno pošast"
« Il y a beaucoup d'hommes qui méritent ce nom plus que toi »
"Veliko moških si zasluži to ime bolj kot ti"
"et je te préfère tel que tu es"
"in te imam raje takšnega kot si"
"et je te préfère à ceux qui cachent un cœur ingrat"
"in te imam raje kot tiste, ki skrivajo nehvaležno srce"
"Si seulement j'avais un peu de bon sens", répondit la bête
"Ko bi le imel malo pameti," je odgovorila zver
"Si j'avais du bon sens, je vous ferais un beau compliment pour vous remercier"
"Če bi bil pameten, bi naredil dober kompliment v zahvalo"
"mais je suis si ennuyeux"
"ampak sem tako dolgočasen"
« Je peux seulement dire que je vous suis très reconnaissant »
"Lahko samo rečem, da sem vam zelo hvaležen"
Belle a mangé un copieux souper
lepotica je pojedla obilno večerjo
et elle avait presque vaincu sa peur du monstre
in skoraj je premagala svoj strah pred pošastjo
mais elle a voulu s'évanouir lorsque la bête lui a posé la question suivante

vendar je hotela omedleti, ko ji je zver zastavila naslednje
vprašanje
"Belle, veux-tu être ma femme ?"
"lepotica, boš moja žena?"
elle a mis du temps avant de pouvoir répondre
vzela je nekaj časa, preden je lahko odgovorila
parce qu'elle avait peur de le mettre en colère
ker se je bala, da bi ga razjezila
Mais finalement elle dit "non, bête"
na koncu pa je rekla "ne, zver"
immédiatement le pauvre monstre siffla très effroyablement
takoj je uboga pošast zelo strašno siknila
et tout le palais résonna
in vsa palača je odmevala
mais Belle se remit bientôt de sa frayeur
toda lepotica si je kmalu opomogla od strahu
parce que la bête parla encore d'une voix lugubre
ker je zver spet spregovorila z žalostnim glasom
"Alors adieu, Belle"
"potem pa zbogom, lepotica"
et il ne se retournait que de temps en temps
in le tu in tam se je obrnil nazaj
de la regarder alors qu'il sortait
da bi jo pogledal, ko je šel ven
maintenant Belle était à nouveau seule
zdaj je bila lepotica spet sama
elle ressentait beaucoup de compassion
čutila je veliko sočutja
"Hélas, c'est mille fois dommage"
"Ojej, to je tisoč škoda"
"tout ce qui est si bon ne devrait pas être si laid"
"vse, kar je tako dobre narave, ne bi smelo biti tako grdo"
Belle a passé trois mois très heureuse dans le palais
lepotica je preživela tri mesece zelo zadovoljna v palači
chaque soir la bête lui rendait visite
vsak večer jo je zver obiskala

et ils ont parlé pendant le dîner
in sta se pogovarjala med večerjo
ils ont parlé avec bon sens
govorili so po zdravi pameti
mais ils ne parlaient pas avec ce que les gens appellent de l'esprit
vendar niso govorili s tem, čemur ljudje pravijo duhovitost
Belle a toujours découvert un caractère précieux dans la bête
lepota je v zveri vedno odkrila nekaj dragocenega značaja
et elle s'était habituée à sa difformité
in navadila se je na njegovo deformacijo
elle ne redoutait plus le moment de sa visite
ni se več bala časa njegovega obiska
maintenant elle regardait souvent sa montre
zdaj je pogosto pogledala na uro
et elle ne pouvait pas attendre qu'il soit neuf heures
in komaj je čakala, da bo ura devet
car la bête ne manquait jamais de venir à cette heure-là
ker zver nikoli ni zamudila prihoda ob tisti uri
il n'y avait qu'une seule chose qui concernait Belle
samo ena stvar je zadevala lepoto
chaque soir avant d'aller au lit, la bête lui posait la même question
vsak večer, preden je šla spat, jo je zver vprašala isto vprašanje
le monstre lui a demandé si elle voulait être sa femme
pošast jo je vprašala, ali bi bila njegova žena
un jour elle lui dit : "bête, tu me mets très mal à l'aise"
Nekega dne mu je rekla: "Zver, zelo mi povzročaš nelagodje"
« J'aimerais pouvoir consentir à t'épouser »
"Želim si, da bi se lahko poročil s teboj"
"mais je suis trop sincère pour te faire croire que je t'épouserais"
"ampak sem preveč iskren, da bi te prepričal, da bi se poročil s tabo"
"Notre mariage n'aura jamais lieu"
"najin zakon se ne bo nikoli zgodil"

« Je te verrai toujours comme un ami »
"Vedno te bom videl kot prijatelja"
"S'il vous plaît, essayez d'être satisfait de cela"
"prosim, poskusite biti zadovoljni s tem"
« Je dois me contenter de cela », dit la bête
»S tem moram biti zadovoljen,« je rekla zver
« Je connais mon propre malheur »
"Poznam svojo nesrečo"
"mais je t'aime avec la plus tendre affection"
"vendar te ljubim z najnežnejšo naklonjenostjo"
« Cependant, je devrais me considérer comme heureux »
"Vendar bi se moral imeti za srečnega"
"et je serais heureux que tu restes ici"
"in moral bi biti vesel, da boš ostal tukaj"
"promets-moi de ne jamais me quitter"
"obljubi mi, da me nikoli ne boš zapustil"
Belle rougit à ces mots
lepota je ob teh besedah zardela
Un jour, Belle se regardait dans son miroir
nekega dne se je lepotica gledala v svoje ogledalo
son père s'était inquiété à mort pour elle
njen oče je skrbel zanjo
elle avait plus que jamais envie de le revoir
hrepenela je po tem, da bi ga spet videla bolj kot kdaj prej
« Je pourrais te promettre de ne jamais te quitter
complètement »
"Lahko bi obljubil, da te ne bom nikoli povsem zapustil"
"mais j'ai tellement envie de voir mon père"
"vendar imam tako veliko željo videti očeta"
« Je serais terriblement contrarié si tu disais non »
"Neverjetno bi bil razburjen, če bi rekel ne"
« Je préfère mourir moi-même », dit le monstre
"Raje sem umrl," je rekla pošast
« Je préférerais mourir plutôt que de te mettre mal à l'aise »
"Raje bi umrl, kot da bi ti povzročil nelagodje"
« Je t'enverrai vers ton père »

"Poslal te bom k očetu"
"tu resteras avec lui"
"ostal boš z njim"
"et cette malheureuse bête mourra de chagrin à la place"
"in ta nesrečna zver bo namesto tega umrla od žalosti"
« Non », dit Belle en pleurant
"Ne," je rekla lepotica objokana
"Je t'aime trop pour être la cause de ta mort"
"Preveč te ljubim, da bi bil vzrok tvoje smrti"
"Je te promets de revenir dans une semaine"
"Obljubim ti, da se vrnem čez teden dni"
« Tu m'as montré que mes sœurs sont mariées »
"Pokazali ste mi, da sta moji sestri poročeni"
« et mes frères sont partis à l'armée »
"in moji bratje so šli v vojsko"
« laisse-moi rester une semaine avec mon père, car il est seul »
"Naj ostanem en teden pri očetu, saj je sam"
« Tu seras là demain matin », dit la bête
"Jutri zjutraj boš tam," je rekla zver
"mais souviens-toi de ta promesse"
"ampak zapomni si svojo obljubo"
« Il vous suffit de poser votre bague sur une table avant d'aller vous coucher »
"Prstan moraš samo položiti na mizo, preden greš spat"
"et alors tu seras ramené avant le matin"
"in potem te bodo pripeljali nazaj pred jutrom"
« Adieu chère Belle », soupira la bête
"Zbogom draga lepotica," je zavzdihnila zver
Belle s'est couchée très triste cette nuit-là
lepotica je šla tisto noč zelo žalostna spat
parce qu'elle ne voulait pas voir la bête si inquiète
ker ni hotela videti zveri tako zaskrbljena
le lendemain matin, elle se retrouva chez son père
naslednje jutro se je znašla na očetovem domu
elle a sonné une petite cloche à côté de son lit

pozvonila je z zvončkom ob postelji
et la servante poussa un grand cri
in služkinja je glasno zavpila
et son père a couru à l'étage
in njen oče je tekel gor
il pensait qu'il allait mourir de joie
mislil je, da bo umrl od veselja
il l'a tenue dans ses bras pendant un quart d'heure
četrt ure jo je držal v naročju
Finalement, les premières salutations étaient terminées
končno je bilo prvih pozdravov konec
Belle a commencé à penser à sortir du lit
lepotica je začela razmišljati, da bi vstala iz postelje
mais elle s'est rendu compte qu'elle n'avait apporté aucun vêtement
vendar je ugotovila, da ni prinesla oblačil
mais la servante lui a dit qu'elle avait trouvé une boîte
vendar ji je služkinja povedala, da je našla škatlo
le grand coffre était plein de robes et de robes
velik zaboj je bil poln halj in oblek
chaque robe était couverte d'or et de diamants
vsaka obleka je bila prekrita z zlatom in diamanti
La Belle a remercié la Bête pour ses bons soins
lepotica se je zveri zahvalila za njegovo prijazno nego
et elle a pris l'une des robes les plus simples
in vzela je eno najpreprostejših oblek
elle avait l'intention de donner les autres robes à ses sœurs
druge obleke je nameravala dati svojim sestram
mais à cette pensée le coffre de vêtements disparut
a ob tej misli je skrinja z obleko izginila
la bête avait insisté sur le fait que les vêtements étaient pour elle seulement
zver je vztrajala, da so oblačila samo zanjo
son père lui a dit que c'était le cas
oče ji je rekel, da je tako
et aussitôt le coffre de vêtements est revenu

in takoj se je prtljažnik z oblačili spet vrnil
Belle s'est habillée avec ses nouveaux vêtements
lepotica se je oblekla v svoja nova oblačila
et pendant ce temps les servantes allèrent chercher ses sœurs
medtem pa so služkinje odšle iskat njene sestre
ses deux sœurs étaient avec leurs maris
obe njeni sestri sta bili s svojima možema
mais ses deux sœurs étaient très malheureuses
toda obe njeni sestri sta bili zelo nesrečni
sa sœur aînée avait épousé un très beau gentleman
njena najstarejša sestra se je poročila z zelo čednim gospodom
mais il était tellement amoureux de lui-même qu'il négligeait sa femme
vendar je bil sam sebi tako všeč, da je zanemarjal ženo
sa deuxième sœur avait épousé un homme spirituel
njena druga sestra se je poročila z duhovitim moškim
mais il a utilisé son esprit pour tourmenter les gens
vendar je s svojo duhovitostjo mučil ljudi
et il tourmentait surtout sa femme
najbolj pa je mučil svojo ženo
Les sœurs de Belle l'ont vue habillée comme une princesse
lepotičine sestre so jo videle oblečeno kot princesa
et ils furent écœurés d'envie
in zboleli so od zavisti
maintenant elle était plus belle que jamais
zdaj je bila lepša kot kdajkoli
son comportement affectueux n'a pas pu étouffer leur jalousie
njeno ljubeče vedenje ni moglo zadušiti njihovega ljubosumja
elle leur a dit combien elle était heureuse avec la bête
povedala jim je, kako srečna je z zverjo
et leur jalousie était prête à éclater
in njihovo ljubosumje je bilo pripravljeno, da poči
Ils descendirent dans le jardin pour pleurer leur malheur
Spustili so se na vrt, da bi jokali o svoji nesreči
« En quoi cette petite créature est-elle meilleure que nous ? »

"V čem je to malo bitje boljše od nas?"
« Pourquoi devrait-elle être tellement plus heureuse ? »
"Zakaj bi morala biti toliko bolj srečna?"
« Sœur », dit la sœur aînée
»Sestra,« je rekla starejša sestra
"une pensée vient de me traverser l'esprit"
"pravkar mi je padla misel"
« Essayons de la garder ici plus d'une semaine »
"poskušajmo jo obdržati tukaj več kot en teden"
"Peut-être que cela fera enrager ce monstre idiot"
"morda bo to razjezilo neumno pošast"
« parce qu'elle aurait manqué à sa parole »
"ker bi prelomila besedo"
"et alors il pourrait la dévorer"
"in potem bi jo lahko požrl"
"C'est une excellente idée", répondit l'autre sœur
"to je odlična ideja," je odgovorila druga sestra
« Nous devons lui montrer autant de gentillesse que possible »
"izkazati ji moramo čim več prijaznosti"
les sœurs en ont fait leur résolution
sestre so se odločile za to
et ils se sont comportés très affectueusement envers leur sœur
in do svoje sestre so se obnašali zelo ljubeče
pauvre Belle pleurait de joie à cause de toute leur gentillesse
uboga lepotica je jokala od veselja zaradi vse njihove dobrote
quand la semaine fut expirée, ils pleurèrent et s'arrachèrent les cheveux
ko se je teden iztekel, so jokali in si trgali lase
ils semblaient si désolés de se séparer d'elle
zdelo se jim je tako žal, da se ločijo od nje
et Belle a promis de rester une semaine de plus
in lepotica je obljubila, da bo ostala teden dni dlje
Pendant ce temps, Belle ne pouvait s'empêcher de réfléchir sur elle-même

Medtem pa lepotica ni mogla pomagati razmišljanju o sebi
elle s'inquiétait de ce qu'elle faisait à la pauvre bête
skrbelo jo je, kaj počne ubogi zveri
elle sait qu'elle l'aimait sincèrement
ve, da ga je iskreno ljubila
et elle avait vraiment envie de le revoir
in res si je želela, da bi ga spet videla
la dixième nuit qu'elle a passée chez son père aussi
tudi deseto noč je preživela pri očetu
elle a rêvé qu'elle était dans le jardin du palais
sanjala je, da je na vrtu palače
et elle rêva qu'elle voyait la bête étendue sur l'herbe
in sanjalo se ji je, da je videla zver, razširjeno na travi
il semblait lui faire des reproches d'une voix mourante
zdelo se ji je očital z umirajočim glasom
et il l'accusa d'ingratitude
in jo je obtožil nehvaležnosti
Belle s'est réveillée de son sommeil
lepotica se je prebudila iz spanja
et elle a fondu en larmes
in planila je v jok
« Ne suis-je pas très méchant ? »
"Ali nisem zelo hudoben?"
« N'était-ce pas cruel de ma part d'agir si méchamment envers la bête ? »
"Ali ni bilo kruto od mene, da sem ravnal tako neprijazno do zveri?"
"la bête a tout fait pour me faire plaisir"
"zver je naredila vse, da bi mi ugodila"
« Est-ce sa faute s'il est si laid ? »
"Je on kriv, da je tako grd?"
« Est-ce sa faute s'il a si peu d'esprit ? »
"Ali je on kriv, da ima tako malo pameti?"
« Il est gentil et bon, et cela suffit »
"Je prijazen in dober, in to zadostuje"
« Pourquoi ai-je refusé de l'épouser ? »

"Zakaj sem zavrnila poroko z njim?"
« Je devrais être heureux avec le monstre »
"Moral bi biti zadovoljen s pošastjo"
« regarde les maris de mes sœurs »
"poglej moža mojih sester"
« Ni l'esprit, ni la beauté ne les rendent bons »
"niti duhovitost, niti lepota jih ne naredi dobrih"
« aucun de leurs maris ne les rend heureuses »
"nobeden od mož jih ne osrečuje"
« mais la vertu, la douceur de caractère et la patience »
"ampak krepost, prijaznost in potrpežljivost"
"ces choses rendent une femme heureuse"
"te stvari naredijo žensko srečno"
"et la bête a toutes ces qualités précieuses"
"in zver ima vse te dragocene lastnosti"
"c'est vrai, je ne ressens pas de tendresse et d'affection pour lui"
"res je; ne čutim nežnosti naklonjenosti do njega"
"mais je trouve que j'éprouve la plus grande gratitude envers lui"
"vendar se mi zdi, da sem mu najbolj hvaležen"
"et j'ai la plus haute estime pour lui"
"in jaz ga zelo cenim"
"et il est mon meilleur ami"
"in on je moj najboljši prijatelj"
« Je ne le rendrai pas malheureux »
"Ne bom ga delala nesrečnega"
« Si j'étais si ingrat, je ne me le pardonnerais jamais »
"Če bi bil tako nehvaležen, si ne bi nikoli odpustil"
Belle a posé sa bague sur la table
lepotica je položila prstan na mizo
et elle est retournée au lit
in spet je šla spat
à peine était-elle au lit qu'elle s'endormit
komaj je bila v postelji, preden je zaspala
elle s'est réveillée à nouveau le lendemain matin

naslednje jutro se je spet zbudila
et elle était ravie de se retrouver dans le palais de la bête
in bila je presrečna, da se je znašla v palači zveri
elle a mis une de ses plus belles robes pour lui faire plaisir
oblekla je eno svojih najlepših oblek, da bi mu ugodila
et elle attendait patiemment le soir
in potrpežljivo je čakala na večer
enfin l' heure tant souhaitée est arrivée
je prišla želena ura
L'horloge a sonné neuf heures, mais aucune bête n'est apparue
ura je odbila devet, vendar se ni pojavila nobena zver
La belle craignit alors d'avoir été la cause de sa mort
lepotica se je takrat bala, da je bila vzrok njegove smrti
elle a couru en pleurant dans tout le palais
jokajoča je tekla po vsej palači
après l'avoir cherché partout, elle se souvint de son rêve
potem ko ga je iskala povsod, se je spomnila svojih sanj
et elle a couru vers le canal dans le jardin
in stekla je do kanala na vrtu
là elle a trouvé la pauvre bête étendue
tam je našla ubogo zver raztegnjeno
et elle était sûre de l'avoir tué
in bila je prepričana, da ga je ubila
elle se jeta sur lui sans aucune crainte
brez strahu se je vrgla nanj
son cœur battait encore
srce mu je še vedno utripalo
elle est allée chercher de l'eau au canal
je prinesla nekaj vode iz kanala
et elle versa l'eau sur sa tête
in zlila mu je vodo na glavo
la bête ouvrit les yeux et parla à Belle
zver je odprla oči in spregovorila lepotici
« Tu as oublié ta promesse »
"Pozabil si na obljubo"

« J'étais tellement navrée de t'avoir perdu »
"Tako me je strlo srce, da sem te izgubil"
« J'ai décidé de me laisser mourir de faim »
"Odločil sem se, da bom stradal"
"mais j'ai le bonheur de te revoir une fois de plus"
"vendar imam srečo, da te še enkrat vidim"
"j'ai donc le plaisir de mourir satisfait"
"torej imam veselje umreti zadovoljen"
« Non, chère bête », dit Belle, « tu ne dois pas mourir »
"Ne, draga zver," je rekla lepotica, "ne smeš umreti"
« Vis pour être mon mari »
"Živi, da boš moj mož"
"à partir de maintenant je te donne ma main"
"od tega trenutka ti podajam roko"
"et je jure de n'être que le tien"
"in prisežem, da bom le tvoj"
« Hélas ! Je pensais n'avoir que de l'amitié pour toi »
"Ojej! Mislil sem, da imam zate samo prijateljstvo"
« mais la douleur que je ressens maintenant m'en convainc » ;
"toda žalost, ki jo zdaj čutim, me prepriča;"
"Je ne peux pas vivre sans toi"
"Ne morem živeti brez tebe"
Belle avait à peine prononcé ces mots lorsqu'elle vit une lumière
redka lepotica je izrekla te besede, ko je zagledala luč
le palais scintillait de lumière
palača se je iskrila od svetlobe
des feux d'artifice ont illuminé le ciel
ognjemet je razsvetlil nebo
et l'air rempli de musique
in zrak poln glasbe
tout annonçait un grand événement
vse je kazalo na neki velik dogodek
mais rien ne pouvait retenir son attention
a nič ni moglo zadržati njene pozornosti

elle s'est tournée vers sa chère bête
se je obrnila k svoji dragi živali
la bête pour laquelle elle tremblait de peur
zver, za katero je trepetala od strahu
mais sa surprise fut grande face à ce qu'elle vit !
vendar je bilo njeno presenečenje nad tem, kar je videla, veliko!
la bête avait disparu
zver je izginila
Au lieu de cela, elle a vu le plus beau prince
namesto tega je videla najlepšega princa
elle avait mis fin au sort
končala je urok
un sort sous lequel il ressemblait à une bête
urok, pod katerim je bil podoben zveri
ce prince était digne de toute son attention
ta princ je bil vreden vse njene pozornosti
mais elle ne pouvait s'empêcher de demander où était la bête
vendar si ni mogla kaj, da ne bi vprašala, kje je zver
« Vous le voyez à vos pieds », dit le prince
"Vidiš ga pri svojih nogah," je rekel princ
« Une méchante fée m'avait condamné »
"Hudobna vila me je obsodila"
« Je devais rester dans cette forme jusqu'à ce qu'une belle princesse accepte de m'épouser »
"V taki formi sem moral ostati, dokler se lepa princesa ne bo strinjala, da se poroči z mano"
"la fée a caché ma compréhension"
"vila je skrila moje razumevanje"
« tu étais le seul assez généreux pour être charmé par la bonté de mon caractère »
"ti si bil edini dovolj radodaren, da te je očarala dobrota mojega temperamenta"
Belle était agréablement surprise
lepotica je bila veselo presenečena
et elle donna sa main au charmant prince

in očarljivemu princu je podala roko
ils sont allés ensemble au château
skupaj sta šla v grad
et Belle fut ravie de retrouver son père au château
in lepotica je bila presrečna, ko je našla očeta v gradu
et toute sa famille était là aussi
in tudi njena cela družina je bila tam
même la belle dame qui lui était apparue dans son rêve était là
celo lepa dama, ki se je pojavila v njenih sanjah, je bila tam
"Belle", dit la dame du rêve
"lepotica," je rekla gospa iz sanj
« viens et reçois ta récompense »
"pridi in prejmi svojo nagrado"
« Vous avez préféré la vertu à l'esprit ou à l'apparence »
"daš prednost vrlini kot pameti ali videzu"
"**et tu mérites quelqu'un chez qui ces qualités sont réunies**"
"in zaslužiš si nekoga, v katerem so te lastnosti združene"
"**tu vas être une grande reine**"
"velika kraljica boš"
« J'espère que le trône ne diminuera pas votre vertu »
"Upam, da prestol ne bo zmanjšal vaše vrline"
puis la fée se tourna vers les deux sœurs
tedaj se je vila obrnila k obema sestrama
« J'ai vu à l'intérieur de vos cœurs »
"Videl sem v vaših srcih"
"**et je connais toute la méchanceté que contiennent vos cœurs**"
"in poznam vso zlobo v vaših srcih"
« Vous deux deviendrez des statues »
"vidva bosta postala kipa"
"**mais vous garderez votre esprit**"
"vendar boste ohranili svoje misli"
« Tu te tiendras aux portes du palais de ta sœur »
"stal boš pred vrati palače svoje sestre"
"**Le bonheur de ta sœur sera ta punition**"

"sreča tvoje sestre bo tvoja kazen"
« vous ne pourrez pas revenir à vos anciens états »
"ne boš se mogel vrniti v prejšnja stanja"
« à moins que vous n'admettiez tous les deux vos fautes »
"razen če oba priznata svoje napake"
"mais je prévois que vous resterez toujours des statues"
"ampak predvidevam, da boste vedno ostali kipi"
« L'orgueil, la colère, la gourmandise et l'oisiveté sont parfois vaincus »
"Ponos, jeza, požrešnost in brezdelje so včasih premagani"
" mais la conversion des esprits envieux et malveillants sont des miracles "
" toda spreobrnitev zavistnih in zlonamernih umov so čudeži"
immédiatement la fée donna un coup de baguette
vila je takoj udarila s palico
et en un instant tous ceux qui étaient dans la salle furent transportés
in v trenutku so bili vsi, ki so bili v dvorani, prepeljani
ils étaient entrés dans les domaines du prince
odšli so v knežje oblasti
les sujets du prince l'ont reçu avec joie
knežji podložniki so ga sprejeli z veseljem
le prêtre a épousé Belle et la bête
duhovnik je poročil lepotico in zver
et il a vécu avec elle de nombreuses années
in z njo je živel mnogo let
et leur bonheur était complet
in njihova sreča je bila popolna
parce que leur bonheur était fondé sur la vertu
ker je njihova sreča temeljila na kreposti

La fin
Konec

www.tranzlaty.com

www.ingramcontent.com/pod-product-compliance
Lightning Source LLC
Chambersburg PA
CBHW011556070526
44585CB00023B/2630